나를 낳아주세요

리토피아
LITERATURE & UTOPIA

리토피아포에지 · 121

니를 낳이주세요

인쇄 2021. 10. 25 발행 2021. 10. 30
지은이 고영숙 펴낸이 정기옥
펴낸곳 리토피아
출판등록 2006. 6. 15. 제2006-12호
주소 21315 인천시 부평구 평천로255번길 13, 부평테크노파크M2 903호
전화 032-883-5356 전송032-891-5356
홈페이지 www.litopia21.com 전자우편 litopia999@naver.com

ISBN-978-89-6412-151-1 03810

값 9,000원

* 이 책은 제주특별자치도, 제주문화예술재단의 2021년도 제주문화예술 지원사업 후원을 받아 발간되었습니다

고영숙 시집

나를 낳아주세요

리토피아
LITERATURE & UTOPIA

시인의 말

아프다 소리 한 번 못한 채
생은 아직 초입인데,

나 살자고
얼떨결에 받아든 첫 문장이
하필 당신,

한 꺼풀씩 전생을 돌려 깎은 지환指環이었다.

2021년 여름
고영숙

차례

제1부 말문이 트인 꽃잎들

제2부 속 깊은 지층이 산다는

제3부 거울을 꿈꾸는 물고기

제4부 울컥, 터진 혓바늘의 비문들

| 제1부 |

말문이 트인 꽃잎들

나를 낳아주세요

오늘도 엄마를 뽑고 있어

구석에 기대 쉬는 엄마는 뽑기가 쉬워 오늘은 팔뚝이 굵은 엄마를 뽑고 내일은 다크서클을 드리운 엄마를 뽑을 거야 눈썹 문신을 한 엄마도 있어 세상엔 거짓말처럼 웃고 있는 엄마들이 수없이 많아 엄마는 팔딱이는 소문들로 요리를 하지 가끔 지루해진 소문을 한 번 더 끓이면 엄마 냄새가 나지 나는 길쭉하게 자라고 있어 날마다 내 생일이야 매일 나를 낳아줄 엄마가 필요해 갈색 골목에 레드카펫을 깔고 모든 저녁을 기다리는 엄마 떨리는 손목으로 꽃잎을 뿌리며 우아하게 걸어가고 있어 반값으로 할인된 엄마도 갓 인화한 증명사진을 들고 전속력으로 달려가던 엄마도 두근두근 증후군을 앓고 있어 일류도 지나고 나면 가볍고 간단히 오류가 되어 버리는 세상 어제는 건너편 마트에서 엄마를 세일하고 겨울 언덕바지에 떨어지는 음악은 항상 슬로모션으로 녹았다 얼기를 반복해 유통기한이 줄어들수록 손때 묻은 엄마들이 하나씩 늘어나고 있어

내일 아침은 엄마가 또 나를 낳을 거야

원본대조필

이 책은 1942년 간행된 편년체 원전이다
쉰 적도 없고 바람에도 흔들리지 않던
전 생애의 기록이고 삶의 보고서다
수많은 배경 중 뼈대 있는 정본을 세우고
종종 바람을 타고 다니던 호시절은
용을 써도 먹히지 않아 생략한다
구겨진 쪽의 빗금 간 시간이 펴지지 않는다
오랜 세월 저항 없는 덮어쓰기로
찢길 일만 남은 목차가 먼지를 쓸어내린다
페이지를 넘길수록 기우는 낯선 필체
위태로운 행간마다 둥둥 떠다닌다
바람은 곳곳마다 무수한 구멍을 내고
낡은 문장들에서 물큰한 울음소리가 묻어나온다
역주행에 쓸려간 물살의 흔적
기진한 몸뚱어리가 사본의 발끝으로 점점 지워진다
서늘한 등짝, 목구멍에 밀려드는 어둠처럼
흩어진 슬하의 이름들이 하나하나 지문처럼 찍히는 밤
페이지를 넘길수록 몸피가 줄어든다

풀이 죽은 문장들, 맨 끝줄 가까스로 매달리거나
긴 묵독 끝 더듬더듬 통증의 출처를 필사한다
안간힘으로 버티는 낡은 종이
아직 폐기되지 않아 원본대조필 효력이 유효한
아버지

야사野史의 뒤편

통증을 물고 잠든 어머니는 쓸쓸한 빈방이었다

방의 모서리마다 뾰족하게 발톱들이 자라났다. 비좁은 뼈들은 한쪽으로 기울고 밤이면 네 구석 숨어있던 기억들이 출몰하곤 하였다

피가 돌지 않는 다리를 주무른다. 아픈 공명의 초입은 흰 나무와 검은 나무의 생살을 깎아 만든 야사의 뒤편

범람하는 물이었고, 벼락을 삼키는 불이었고, 매 순간 수천 개로 갈라지는 캄캄한 하늘이었다

빈방으로 가는 골목 도처마다 모서리가 진 서사들이 떠돌아다녔다

잘근 씹은 반달 손톱을 뱉어낸다. 잘린 달의 조각처럼 밤이 휘어진다

살 뚫고 솟아나는 간극, 끊어진 일획의 새 한 마리가 편년체로 날아간다

받들던 기단이 휑하다. 아득한 그늘의 미망. 끝까지 지키지 못한 주춧돌만은 무너지지 마라, 일곱 개의 별과 달을 방사하는 슬픈 혈족

나는 어미의 가죽에서 떨어져 나온 하나의 살점,

빈 방의 어둠을 갉아먹는 어슬렁거리는 한 마리 검은 야사野史

인공눈물

너, 내 안에서 시작하는 물살이라면
나비처럼 맨발로 모래언덕으로 걸어간다면
울컥할 때마다 조금씩 포개어보는 한날한시
뛰어내려 허공에서 어긋난다면
바람이 아슬아슬하게 나를 비껴간다면
한때 어슬렁거리던 밀물과 썰물처럼
눈 밖의 물비늘들이 나뒹구는 투명한 무덤
소용돌이치는 눈빛이 눈시울을 건너는 중이라면
솟구치는 것, 곤두박질치는 것, 뭉개어지는 이목구비는
혀끝에 매달린 말들
뚝 뚝 떨어지는 기척,
퇴화하기 전 눈물 한 방울이 사구에 닿는 거리
한 치 앞에 엇갈린 수평선을 걸어 두고
글썽거리는 짐승 한 마리 물살을 견디는 중이라면
일정한 방향으로 출렁거리는 속설이
멀리 벗어나지 못한 물의 발목을 잡는다면
끌어당겼다 살짝 떨어뜨린다
능숙하게 티끌을 훑어 내리는 흔적이라면

수만 갈래로 휘청거리는 해일이라면
마지막 분리해서 버리는
일회용 파도가 섬을 만든다면
눈물은 절벽을 흐르고 떨어져 내려
나비처럼 사뿐히 날아 눈가에 맺히는
둥둥둥 떠가는 인공섬이라면
인공의 눈물이라면

겨를

시간을 기록하는 톱니바퀴

비탈길을 올라온 발바닥이 조심조심 오늘의 패를 뗀다

다른 데로 돌릴 수 있을까

검은 나뭇잎을 뒤집으면 낯선 이름으로 새겨지는 풍속風速

창끝에 깊게 찔릴수록 보이지 않는 배후

낯선 도형의 냄새가 난다

밤의 잎들이 흘리는 검은 눈물이 아득한 극점을 돌고 돈다

속내를 드러내지 않는 어둠

숨죽이고 사라지는 미래

빛나는 술잔을 들고 가장 높은 곳에서 펄럭이는 슬픔

오늘 하루 신神의 운명을 가로질러 온 검은 형상

내가 믿는 건 길게 드리운 창끝

당신은 스페이드 에이스 카드 안의 섬광

톱니와 톱니 사이에서 잠깐 머무는 겨를

물에서 온 인형

웃자란 포만감을 갖고 노는
울음소리가 없는 오늘은
욕조 속 한 점 호흡이 사라진 하늘을 여닫네

욕조 밖은 낯선 바다
오래 웅크려 잠든 너를 깨웠을 텐데
얼굴을 만져볼 수 없는
어딘가 신의 흔적이 있을 거야

시퍼런 들물과 날물의 어디쯤
쉽게 부러지는 흰 국화꽃
숨 쉬지 않는 수평선을 열고
물살을 넘기지 못하고 헐떡이는

몸을 내밀어봐
맡겨진 물빛 생이 아픈
더듬더듬 여린 말문에 아가미가 돋아나
눈에 넣어도 아프지 않은

눈물 같은 비가 내리기를

네가 웃고 있다
네 이름마저 굳어버려
끊겼다 이어지던 가벼운 인사
물 안에서 계속 멀어지는 서늘한 입맞춤

마블링의 쓸모

죽은 사람과 산 사람이 반씩 섞여 있다

눈물이 나는 대리석 무늬 균일한 감정은 오래된 성역,

한번 맛본 식감을 맹신하는 잎, 가장 슬펐을 때 붉어지는 기억,

사방에서 밀려드는 낯선 체온,

오빠를 하늘로 날려 보내고 퍽퍽한 슬픔만 골라 먹는 엄마

선명할수록 결쭉해지는 통증들

신神을 바라다본다

산 자와 죽은 자의 경계

잘 지내고 있는지, 매일 아침 집을 나가 돌아오지 않는

앞뒷면이 같은 통증

슬픔을 양도할 수 없습니다

현실의 가려움을 긁는 건기인 줄 알았는데
계약직 기간에는 슬픔을 널지 않아요
꽃가루의 패턴이 바뀌는 사막
까치발을 들고 연신 뱉어내는 감정의 재채기
나의 꽃밭에 모래보다 떨어진 사람들이 많아서
내가 일어나서 처음 본 것은 모래흙
내게 맞지 않은 계절을 입었나 봐요
당신은 언제부터 이곳에서 웃고 있었던 걸까요
당신이 사막을 지날 때 나는 끝없이 창문을 여닫고
더 눈을 비벼야 해요
악력握力을 길러야 하는 황사기 전역에
미세한 먼지의 감정을 파고드는 봄의 뒤페이지들, 지우고 쓰는 지독한 감염
풀풀 꽃가루가 날리는 급여 통장
서서히 격리되는 사막
우린 잘 어울렸을까요, 낭랑
숲을 휘감는 검은 새들 몸 밖으로 밀어내는 꽃가루주의보
짙은 꽃가루보다 먼저 날리는 당신

이미 알고 있는 것들의 자율학습

부활이 도래할 때까지 잠시 천국을 빌릴 거야

가르쳐 주지 않아도 혀끝에서 일용할 양식이 매일 돋아나지

텅 빈 개척교회 담벼락에 펄럭이는 낱장의 바람들

살 중의 살을 고르고 뼈 중의 뼈를 골라내는 최초의 기도

천천히 밑줄을 긋는 것부터 집중해야 해

선 긋기의 역사는 늘 짝꿍의 닳아지는 책상에서 시작되었어

무모한 나에게 뛰어드는 불안한 맹신

가장 착해지는 순간 등을 돌린 사람들에게

누가 더 거룩한가 진리에 못을 박는 신앙은 또 얼마나 가벼운가

천국은 이미 기울어진 운동장

가위바위보 전봇대에 기댄 짝꿍의 이마에 무늬를 새긴다

빼먹어도 줄지 않는 하루하루의 양식

가슴에는 새가 산다

피고 지는 것들은 무엇을 부러워했을까
사선을 그으며 건너가는 눈먼 활공
실핏줄마다 금이 간 투명한 유리벽
깃을 치며 비스듬히 날아가는 새 떼들
허공에 몸을 숨길 줄 아는 건 오래된 처세술
투신하는 족족 명중이다
고층 빌딩은 종종 윈도우스트라이크*
사선으로 흐르는 공중 무덤
날이 바짝 선 바람칼의 회전
트랙을 따라 도는 빈 하늘
투명한 족적足跡을 밝히는 격자무늬 조등弔燈
상주도 영정도 없는 장례식장
새털에 실린 부음이 허공을 질러온다
휘청거리는 아파트 공중에서도
가슴에는 새가 산다

* 윈도우스트라이크 : 건물 유리창, 투명방음벽에 새들이 부딪쳐 죽는 현상.

빗살무늬의 고고학

달이 물에 빠지고 슬픈 짐승의 눈빛으로 어두워지면 베란다로 몰려드는 화석화된 야성들

새로운 병명의 빗살무늬, 달은 골격을 맞춰나가는 일종의 고고학 무기력한 신앙이 번진다

돌도끼나 뾰족한 화살촉에 기대어 달리던 고단한 사냥꾼 습성은 비대해진 야성 오만한 근육질의 지층이 베란다에 길들어 간다

소리를 잃어버린 야생성野生性

어둠의 기슭에 말라버린 짐승의 등마다 소금기 잃은 야성이 포개져 있다

죽어서도 부드럽고 탁한 야성이 보름마다 바뀌어 이지러진 달의 곡선을 기억한다

어슬렁거리며 창문을 연다 자동차가 멈추고 야성을 추종하던 남자는 갈수록 비밀번호를 숭배하고 동굴 속으로 들어가 문을 걸어 잠근다

눈금의 수치를 차트에 적어 넣고 건장했던 달의 뒷모습이 사라진다 배후는 안락해진 불안

일렬로 늘어선 불빛, 간석기의 밤을 돌고 돌아온 한 무리의 구레나룻 신화神話

달린다 전속력으로 금이 가버린 복사뼈를 가진 남자, 몇 번의 빙하기를 거쳐 점점 화석으로 기울어간다

진화하기 전 이미 짐승의 몸을 가진 달은 힘이 빠진 포식자

탁탁 타타닥, 뒤돌아보지 말고 자판을 두들겨야 한다 목숨을 건 사냥이 시작되면 소금기를 잃은 짐승의 까만 동공만 초원을 달린다

탁탁 타타닥, 다시 자판을 세차게 두들긴다 겨울 골짜기에 버려져 더는 울부짖지 않는 첫 눈발이 사냥터를 달린다

간신히 붙잡은 줄무늬가 사라진다

첫사랑

가벼워진 이별은 빠른 속도로 나를 넘나드는 이안류

날개를 곪여야 하는데 뒤늦게 떠올린 당신의 추억으로

나를 뛰어넘는 기막힌 타이밍

더 아픈 재회는 무한리필로 뒤섞인다

방향을 조금 틀었을 뿐인데 서로를 향해 빠르게 흐르는 몸과 몸

아직은 온몸으로 맞이하는 국지성 호우

아직도 물속으로 몸을 던지는 사람들은 서투른 방식으로 홀로서기를 배우고

이제 그만
잠시 흔들리다

지금은 깨지기 쉬운 거품

짓무른 입술들의 물결이 이는 저, 끌어당김 혹은 침몰하는 에필로그

한때는 견고한 눈물이었기에

오래된 백야

당신은 습관적으로 밤을 잃어버리죠

깨진 거울의 모서리마다 쏟아져 내리는 백야白夜

암막에 가려진 주름살 뒤편으로 내리꽂히는 날카로운 햇살
당신은 녹지 않는 겨울

당신은 녹슬지 않는 거울

눈을 가린 어둠 밑으로 자꾸만 가라앉는

저물지 않는 계절 혹은 배회하는 희디흰 슬픔

당신은 그늘의 절정을 지나 일렁이는 빛 속에서
소멸되어 가는 어둠의 지층에서 번지는 통증

날을 세운 날들이 눈을 뜨고 자는

물러설 수 없는 백일몽의 기억이었죠

당신은 습관적으로 나를 잃어버리죠

최초의 아프수*

젖은 발바닥에 비늘이 돋아난다 비릿한 문명이 남자의 눈동자 위를 너울너울 걸어간다

창을 든 청동 얼굴이 날렵하게 어둠을 분할한다. 나뭇가지와 잎들로 갈라진 음절을 기록한다 아가미를 열면 미끌미끌한 거품이 부유하는 은백의 경계, 한 무리의 정결한 물고기가 완성된다 푸르고 붉은 체온을 조율하는 튼튼한 비늘, 차가운 혀, 눈 뜨고 잠을 자는 오래된 물의 종족인 반신반인半神半人

물속을 사는 남자가 검은 휘장을 드리운다 날개를 버린 후 더욱 또렷해지는 문신, 최초의 물 아프수의 규율이다 물밑을 날름거리는 난기류가 남자의 옆구리를 훑고 지나간다 지느러미로부터 멀리 와 버린 물결, 흘러내리지 않는 투명한 입자들이 벽을 통과한다 문을 닫으면 어김없이 범람하는 백야, 반신반의半信半疑 몸 어디에도 그늘이 보이지 않는다

날 선 비늘이 명판에 쐐기를 박는다 칼처럼 돋아난 열 개의 뾰족한 발가락이 필사하는, 마르지 않는 문명이다

* 바빌로니아 신화 속 담수淡水의 신.

추억 관람 버스

정글로 돌아가자 줄무늬보다 빠른 오토바이가 화들짝 깨어나는 정류장
손을 흔드는 이층버스
이빨 자국에 길든 하루가 부드럽게 감기는 갈기를 달고
야생을 잃어버린 얼룩 속으로 호피 무늬 무리가 지나가고
여기는 야생보호구역
서열 본능을 잃어버린 신호등을 건너가면 아름드리나무 사이로
사람들은 발톱, 늘어진 갈기를 감추고
비음 섞인 콧소리를 내며 거리로 퍼져 나간다
방향을 다투어 재빨리 정글 속 몸을 숨기는 절뚝거리는 발자국들
몸피 불린 그림자를 끌고 가는 무표정한 사냥꾼
등을 보이지 않는 투어버스의 자세
도심은 완벽하게 갇힌 광활한 세렝게티
길가를 유유히 활보하는 사자의 형상만 기억하지
갈기는 태어날 때부터 회색이니까 다른 장면은 기억의 패키지

가끔 죽은 듯이 누워 급할 때는 얼룩을 꺼내 입지
—안녕, 나의 사파리

꽃잎 스나이퍼

길들여지는 연민은 학습된다 꽃잎의 마침표를 찍는 당신은 꽃으로 위장한 첫사랑 당신은 부재중 견디지 못한 예감이 툭 툭 끊어진다 마음 둔 곳마다 탄흔이 만발한다 빗금친 살갗의 내부에서 자주 미끄러지던 기억의 주름들 허공을 가볍게 터치한다 습관이 된 헛손질이 방아쇠를 당긴다 제 몸에 난 상처가 순간의 전후를 뒤흔든다 신호등에 걸린 분주한 발음들이 자꾸만 부딪친다 아무도 꽃들을 의심하지 않는다 아슬아슬 방음벽을 관통하는 내 심장 가까이 연락처 입구에서 덜컹거리던 오해 한 번 다가서다 한 발 물러서며 재빨리 몰락하는 바람의 습성 자동차들이 경적을 울려댄다 오래도록 등을 돌린 이니셜이 보호구역을 스쳐간다 재발신은 목젖에서 시작된 일이었으나 식는 연습 없이 지워진다 조준하는 숫자들은 돌먼지의 시야를 가진다 꽃이 피어난다 탕 탕 탕

| 제2부 |

속 깊은 지층이 산다는

뒤에 오는 것들은 가장 치열하다

맨은 앞에 서 있을 때가
가장 단단하다

밤새워 잰걸음 걷던 맨발
어금니를 꽉 물던 맨주먹
살면서 칼날에 베어져 힘줄 붉은 맨살
겉치레가 빠져 맨 끝까지 내려간 생生의 민낯을
모두 봐버린 맨바닥까지

잔뼈가 굵은 맨몸은 삶을 온몸으로 받아낸다

뿌리를 드러낸 맨바닥은 맨바닥끼리
안간힘으로 버티면서 근육을 키워 나가고

맨 처음처럼 설레고
가장 오래 남는 그리움의 보폭을 끌고

맨 뒤에 오는 것들은 가장 치열하게 사는 것들이다

바닥

가슴에 내려앉은 바닥은 좀처럼 일어서는 법이 없다
눈물겹게 등이 바짝 붙어있는 바닥끼리 서로의 체온을
껴입는다
때로는 무성한 날들에게 무릎을 꿇지만
마지막까지 간절한 바닥은 나를 세우고 날을 세우는데
모두 거쳐 간 풀 한 포기 자라지 않는 오지奧地
무거운 완장을 두르고 넘나들던 몸부림, 발버둥
바닥도 누군가를 견뎌야 한다
빛이 닿지 않는 습한 그늘이 다닥다닥 붙어있다
속 깊은 지층이 바닥의 기원이다
안간힘은 하늘을 받치는 바닥의 힘
얇아진 실핏줄이 한껏 날을 세우는 바닥의 민낯
오르막과 내리막이 들락거리지만
바닥은 온몸으로 생을 놓지 않는다
통증의 출처를 묻는 목젖 가득 차갑게 식은 시간을 삼키고
푸른 가시가 되어 틈새 곳곳 연민으로 돋아난다
피고 지던 꽃 시절도

절망을 길게 펴고 누군가의 길이 되기에
한 번도 운 적 없는 바닥은 없다

우물 정井

가난한 감정을 학습하는 거먹구름을 삼킨다
나는 낡은 작업복 점퍼
풀밭으로 내몰린 맨몸뚱이가 싸늘히 식어간다
눈동자 속에서 소용돌이친다
도로바닥에 익명으로 흩날리는 통증
떠돌다 뜨거운 눈물로 쪼개진다
매겨지는 삶의 등급은 복불복
명命 하나가 누워 있다
모든 글자가 내가 되어 현수막으로 나부낀다
불운은 내가 벗어 놓은 팽팽한 지문
불운과 행운 사이에 부는 바람은 힘이 세다
불운이 번져나가는 일용직은 발화되는 불꽃
불타버린 정적에 허공이 생긴다
세상이 모든 나를 지우지만 아직 번지지 않은 하늘
나는 살고 싶다
손바닥으로 하늘을 가린다
집으로 돌아가지 못하는 노역의 문장들
비명이 깔아놓은 어둠의 자세는 늘 아슬아슬

오늘 나의 사인이다
자막 속으로 사라질 때쯤 오늘 하루 나는 무사한지
움직이는 정면마다 위태위태한 하청이 공회전 중이다

마음 먼저 젖는다

돌아오지 않는 것들은 모두 섬이 되어 흐른다 처음으로 간 경양식집 돈가스 소스가 촛농처럼 흘러내리고 꽃을 좋아하는 엄마 하늘로 분갈이한 오빠가 흘러내리고 바늘로 찔린 생의 물집미다 써 내려가지 못한 진물이 흐르고 시집 뒤 페이지 그리운 문장들이 파도의 너울로 흘러내린다 섬은 한 음절로 파르르 떠다니다 서로 다른 속도로 흘러가 버린 눈물, 물렁물렁한 물의 내부를 들여다보는 일 울음소리가 달라붙은 눈물 자국을 가까스로 읽어 내려간다 때론 물꼬를 틀어 젊은 날의 급류에 휩쓸리기도 하지만 마지막 고백은 그 어느 때보다 뜨거워 회한의 문장들로 출렁거리기도 하는 섬, 검은 유리창 너머 슬픈 침엽針葉의 줄기를 감아올린다 모든 것이 다 흘러내린 후 사람들은 유랑하는 섬이 되고 젖지 않은 섬의 단면은 없었으나 가장 먼저 내려놓는 마음 먼저 젖는다

종신終身의 방

붉은 숨이 심장 사이로 흘러들 때
몸속에 별이 뜨고 물의 경계가 뒤틀린다
새끼 밴 짐승은 함부로 만지지 말거라

피가 돌 때는 별자리가 쏟아진단다
몸을 몸으로 잇는 탯줄을 건너
핏기를 씻어내면 미끈거리는 별의 뼛조각

바람살 막아주려 기울어진 별자리
생살을 씹으면 이가 깨지고 물빛 별자리가 생기지
먹빛 눈물 바깥을 떠돌다 떨어져 나간 젊은 혈육 한 점,

지병처럼 푸른곰팡이가 피는 날
열두 방위 어디까지 갔을까 생과 생의 이끼 낀 어디쯤
몇 개의 비문들이 자라 휘어진 북두칠성 함께 저물거든

칠성별을 한 점, 한 점 길게 잇대어 나가면
나 어미 되고 너 새끼 되는
하염없는 입맞춤에 동티가 나지 않는다

지중화 작업

오래된 감정선들이 얽혀있다

사랑의 충돌은 짧은 순간 찌릿찌릿 고압 전류가 흐르고

붉은 잇몸을 드러낸 혓바늘이 위태위태하게 뻗어 있다

기울어 금 간 전봇대가 뽑히고 피복이 벗겨진 흉터들이 드러난다

움푹 팬 목젖으로 울컥 뜨거운 것이 올라온다

눈이 늘 따가웠던 흙먼지 바람 굴삭기에 밀려 나가는 실낱 같은 고백들

질주하는 추억의 급커브마다 접근금지

신호수마네킹이 흔드는 막대봉은 이별을 표시하는 경고

절단된 흙터를 덧대고 있던 회상은 불법 유턴이다

헤어짐은 최대한 빠르게 진행되고 사랑했던 거미줄 같은 기억들을 정리한다

되풀이되는 감정선들을 고정시켜 흘러내리지 않게 한가운데로 묶는다

온몸을 친친 감은 당신은 횡단하는 추억

가슴팍에 묻는 매설작업이 한창이다

정육면체의 생生

재배열되는 숫자, 누군가 정육면체 밖으로 나를 던지는 놀이를 한다

슬픈 스핑크스 명운 가운데 기호 한 조각을 뽑고 기울어진다

생生은 육면체 밖의 도형*

각 면이 노예가 되고 신이 되는 의식

운명 가운데 하나를 뽑고 짐승의 뼈와 뿔을 무작위로 흔든다

복사뼈가 새겨진 주사위 밖에서 오래된 출구 안을 들여다보는 일

태양의 문양마다 놓쳐버린 질문들은 아직 풀리지 않는 상형문자

잦은 범람으로 시리우스별이 사라지면 모래알갱이들이 뒤집는 여러 갈래의 음절들

기록되지 못한 기억은 소멸되어 강물에 떠다니고

신의 왼편은 강을 떠도는 방식 지루할 때까지 흘러내리는
검은 건반 흰 건반

물무늬로 누워있는 강江은 신이 되지 못한 사람들이 다시
첫 순서로 도착하는

인류의 가장 오래된 데드마스크

허탕을 친 사람들의 머리 위로 술렁거리는 검은 그림자

* 다이스dice : 짐승의 뿔 · 뼈 · 이빨이나 단단한 나무로 만든 놀이도구.

칼질의 속성

이 칼은 가슴 언저리를 그었던 오래된 상처, 거침없이 뽑아 든 단칼, 닳아빠진 칼자루를 애써 믿으며 베이는 것도 모르는 채 무뎌지는 문장의 모서리마다 새김칼을 차고 숫돌에 천만 번 물길을 긋는다 칼같이 자르지 못하고 칼같이 살지도 못한 채 언어의 바다에 나가 파도를 자르지도 못하고 얼어붙은 수심을 읽어 내리지도 못하고 온몸에 검붉은 쇠꽃 핀 채로 한 줄 파도를 썼다 지우는 물살, 한두 줄 자국으로 상처 난 생의 목록들을 끼워 맞추는 생애 단 한 번 쓰는 칼이었을

생각보다 아픈

멀리 던져질수록 박수를 치는 거야
어느 날은 입김을 불어 넣고
어느 날은 눈빛들이 튕겨 나오고
떨어질 나는 눈물겨워서
입 꼬리를 올리는 근육운동처럼
가장 빨리 흐르며 녹는 빙하처럼
손가락이 길어진 방향과 마주치지
버티고 서있는 슬픔의 높이는 제각기 다른 거야
사용할 수 없는 그늘
아무도 익사하지 않는 방과 후 운동장
미끈거려 놓쳐버린 검은 물속을 몇 바퀴째 뛰고 있는 건지
부드러운 모래에게 다가서는 순서를 익혀야 해
까치발은
어긋날 가능성이 매우 높은 동작
드디어 도착한 이별은
가장 선호하는 아픈 착지
해야 할 사랑이 빙글빙글 공중제비를 돈다

크레바스

거대한 빙하가 내게로 넘어온다
사랑한다, 안 한다

당신과 나
좁힐 수 없는 간극

사랑한다, 안 한다

물결자국이 날카롭게 지나가는 순간

미끄러지며 날개 돋듯 눈물겹게 솟아오르는 찰나,

사랑한다, 안 한다

빗금을 치며 투신하는 눈부신 잔설의 결정들

선 긋기를 한다
슬픔을 가르듯

사랑한다, 안 한다

얼음조각에 금이 간다

기억의 심야식당

어둠이 던져지면 골목은 아가리를 벌린다

나는 개랑 놀고 있는데 구름은 창문에 식물을 키운다

비는 언제 그치는지 전화는 언제 오는지

골목의 입맛에 길든 시간은 긴 혀를 도려내고

검은 달빛들이 소리를 지르면서 뛰어간다

장마 전선 북상은 처음이라고 긴 고백을 한다

등을 보이지 마세요

입술을 깨물 때마다 내 머리를 쓰다듬는다

머리칼을 자르고 삶을 오려 창틈에 대롱 매다는 그늘 같은 표정들

어떤 슬픔은 몸부림처럼 딱딱 아귀가 맞는다

국밥에 소금으로 간을 맞추는 사이

한 사내가 식당 문을 열고 들어선다

저녁의 말

바람이 흐릿하게 부는 저녁
입을 열면 쏟아지는 은백색 비늘들
몸살 바람에 기우뚱하더니
그물에 뛰어드는 날 선 입질
쓸쓸한 가시가 박힌 세 치 혀
핏물이 번지는 말문을 토막 내버리고
주름진 양파와 잠잠하던 파도
직성이 풀리는 칼칼한 파도
홍건히 맺히는 물결의 무늬들
하얗게 염분을 토해내는 날들
다물어지지 않는 아가미를

휙—
낚아채는 바늘

얼음땡

기억의 끝자락에 출렁이는 너울성 파도

땡 하면 한쪽으로 기우는 누구도 수심을 일러준 적 없는 무료한 물결의 혼잣말

빙하에서 쪼개져 나가 물에 떠 있는 유빙流氷처럼

빨랫줄에 걸려 펄럭이는 얼음땡 놀이

세 걸음 걸어가다 발이 꼬이고 순간에 떠밀려가는

잔잔해진 시간의 벽을 타고 아무도 땡 해주지 않는 빙하시대

이번엔 내가 술래

여자가 멈추고 파란 날갯짓이 녹아내리는

돌의 화법話法

"더 낮게 포석을 깔아야지, 너는 한때 탯줄에 의지하며 살던 검은 짐승, 개가 너를 보고 짖거든 언제든지 너를 낮추어라"

"드디어 발밑의 집을 갖게 되었어요"

"관념이 많을수록 손가락도 굵어진단다 너무 잘 맞는 생각을 입고 있으면 몸도 굳어간단다"

"문을 따주기 전까지 스스로 열리지 않는 게 묘수란다 문 앞에서 너는 나뭇잎처럼 몸을 떨고 있구나"

"홁구덩이에 돌을 던졌어요 낯선 이곳은 벗어날 수도, 뛰쳐나갈 수도 없어요"

"그곳은 사람들의 손을 탄 곳이란다. 울음 끝이 짧은 사람들은 무리수를 둔단다"

"신의 손은 놓쳤지만 소멸하는 갈빗대 한 줌은 움켜잡았어요"

"애야, 잘, 견뎠구나 사는 동안 던져야 할 지겨운 돌이란다 얼음을 부수는 건 돌, 한 점으로 남아 얼음의 정면을 쪼개는 법, 집을 잃은 사람은 하늘을 날 수 없단다"

"손을 내밀거라, 졸卒이 끌어가는 세상, 세상에서 가장 슬픈 옷을 입고. 최초의 문명은 복기하지 못하는 법이란다"

"다행이구나, 내가 던진 돌이 네가 아니라서"

지느러미의 명명법命名法

그녀가 끌고 온 바다가 홍건하다

낡은 빗장뼈 구멍을 지나가는 공명共鳴

젖지 않는 한 시절이 은빛으로 일어나고
가슴지느러미가 엑스레이를 통과한다

묵독으로 구구절절 몸의 내력을 읽어 내려간다

한때 서너 줄 쪽빛 파도로
그녀의 지느러미를 베낀 적 있다

탯줄을 끊고 바다를 거슬러 오른 적 있다

—청신한 지느러미를 리필해 주세요, 새로운 학명이 필요해요—

발뒤꿈치마다 지느러미가 부딪치는 소리가 난다

| 제3부 |

거울을 꿈꾸는 물고기

갈 지之의 무르팍

뼈를 묻겠다는 각오는
생生을 기록하는 원형
누구에게 고개 숙여본 적 없는
죽어도 죽지 않는 고사목枯死木
그늘을 딛고 일어서 보는 세상
세상사 맨 앞으로 튀어 나가던 오지랖
바람의 송곳니가 내는 무수한 칼집
궂은 날이면
가슴 아린 톱질마다 드러누워
가장 먼저 녹꽃을 피우는
물큰한 울음소리
흙 묻은 그림자 털고
무르팍으로 걸어가는 之 之 之
친필로 쓰는 최후의 통첩인가
한때는 눈부셨던

너, 직립의 뿔난 생生

청동거울의 노래

거울 속으로 물고기들이 끌려간다 밤마다

몸을 바꾸는 그림자로 숨어 우는 바깥

심장이 멈춘 자리 귀한 꽃 꺾어 내려놓으니

물색의 잠은 무척 달다

들어왔다 사라지는 망각은 죽은 기억의 거품

이대로 숨어 살까나 철쭉꽃 숨죽여 칼 위에서 춤을 춘다

물살의 손아귀를 빠져나가는 쓸쓸한 이별

나를 부끄러워하지 않으신다면 꽃을 꺾어 바치겠습니다*

버려진 꽃잎은 안중에 두지 말고 거울이 남몰래 야위어갔다는 풍문이 떠돌아도

부끄러운 사랑이 늑골로 들어앉는다

한때 몸에 비늘이 돋아나는,

거울을 꿈꾸는 물고기였으니

사내여

* 헌화가獻花歌. 신라 성덕왕 때 한 노옹에 의하여 불린 4구체 향가.

하피첩霞帔帖*에 들다

사내는 오래 앓아누운 여인을 여덟 폭 병풍에 가두었다

먼 길 어리어 여인의 뼈를 훔쳐와 매화 꽃잎을 그린다

옆구리에 잠든 여인의 짧은 옷깃을 매만진다

물 위에 떠 있는 술병의 목을 치면 흰 목덜미 안 뚝 떨어지는 꽃모가지 아픈 달 속으로 흘러든다

출렁이는 붉은 피 빠져나가고 명징明澄한 밤이 스며든다

금이 가버린 그믐을 높이 들어 붉은 등을 밝힌다

곁을 준 기억도, 떠난 기억도 흐려지고 옅어지는 물빛의 내력, 새벽 문틈 늦은 기별이 그믐으로 휘어든다

낭창낭창 매화 꽃가지 끝마다 여인을 두고 눈썹 하늘을 옮긴다

찢긴 여덟 폭 치마는 천지간 덮을 수 없는 여백, 행간마다 쓸쓸한 그림자가 걸쳐진다

한 생生 허공을 뚫는 먹물 한 점

그늘 깊은 빈산마다 흐드러지게 번져간다

* 하피첩霞帔帖 : 조선 후기의 실학자 정약용이 두 아들에게 전하는 당부의 글을 담은 서첩.

구릉 위 도서관

눈썹 들어 올려 굽어진 자줏빛 줄기를 쭉 피면 귓바퀴까지 이어진 기억입니다

귀를 닫고 고개를 숙인 사람들 언제부턴가 나를 알던 사람들이 턱을 괴고 한 명씩 나를 읽고 사라지는

구릉을 덮는 붉은 책 그늘마다 뿌리를 파고드는 둥근 달빛, 필사본에 찍힌 무덤의 어원은 '괴다'입니다

살아 반짝이던 길일吉日은 뒤집혀 손금이 되고 죽어 깊어진 기일忌日은 엇갈린 페이지가 되고

수없이 피고 지던 초성들이 슬고, 닫히지 않는 낱장의 문장들이 삐꺽거리는

타오르는 북쪽 초화문은 떠날 수 없는 서책들, 유배지 스러진 활자들의 뒷모습은 깊은 절벽입니다

시간의 각질을 털고 또 하나의 서사를 건넌 흑백의 문장들이 목록에 꽂혀 있습니다

해진 네 귀퉁이마다 금이 간 먼지들, 서슬 퍼런 천 년을 거슬러 걸어 나오는 먼 사람들

암수 날개를 포개어 붙인 긴 관冠으로 제본되어 한 몸 되어 박힌 껴묻거리

몸 바꿔 왔다가는 내생의 첫 장, 끈에 꿰어 책갈피로 매달려 있습니다

세한도의 감정

한 점, 먹물이 튀어 물마루 건너편 시차가 생긴다

그믐이 시커멓게 먹빛 울음을 우는 동안

잎이 무성한 전생을 견디느라 기울어진 눈썹

껍질을 벗겨 바늘잎에 꿴 잣 여남은 개씩 묶어 높이 쌓은 열두 달 문양

예리하게 속내를 뜯긴 달그림자, 상현과 하현은 당신의 이름을 새기고

흰빛에 검은 획으로 독獨을 베껴 쓴 피붙이들

서릿발로 먹을 갈아 적막하게 몸만 남은 당신

서러운 붓 한 자루, 가시울타리 허공을 읽는다

저녁이 되면 가만히 거울을 들여다본다

한 번을 피하지 못한 하늘의 시샘, 익숙하게 한기가 몸을 숨기는

오늘은 뛰어내릴 수 없는 유배지

행과 연이 사라지는 고독사, 아무도 문장의 안부를 묻지 않는다

너울너울 죽어서 백 년을 헤아리지 못하는 당신

세한도歲寒圖 속으로 쓸쓸히 걸어 들어간다

부르튼 설화도舌話圖

꽃이 피기 전

낯선 속내를 뜨겁게 쏟아내던

돋을새김으로 새겨진 구내염 문체

말라죽은 조사弔詞들이 뚝뚝 떨어진다

몸은 아픈 최후

발음은 무뎌지고

부풀어 오른 입안의 점막 사이

붉은 테두리를 뚫고

살아 있다고

언저리마다 함부로 피어나는 당신

언제나 싱싱했던 비문碑文

여릿여릿 혀에 피는 층층의 그을음

울컥 터지는 첫 문장

절정이던 당신을 뱉어내면

천 개로 갈라지는 통증

혹은 후회

금동 발자국

춘春-겨울 나비 떠나는 혼魂

당신 지나가는 자리마다 쓸쓸하여 몸을 심고, 오동나무 씨앗에 천년 피를 되돌려 물을 주면 짙푸른 몸으로 오는 당신 이승과 저승의 경계에선 붉은 나비가 날아 이 생生 저 생生, 문 문고리를 열고 나가고 문틈에 낀 흰 옷소매 한 자락 엇갈린 천년이 뛰어다니고 몸을 밀고 나온 돌무덤 한 평의 지하 덧문 사이로 흘러들어오는 밀물, 젖은 발을 내디뎌 걸었던 얇은 봄날 몸 가는 사방마다 꽃은 피고 지고 흙을 디디는 가장 비천한 기억을 붉은 나비를 따라 북방의 영토에 당도하면

살아 신지 못하는 당신

하夏-구부러진 몽혼

발끝을 두고 온 지척은 몸 가는 데로 흐른 꽃 무더기 밖 어둠의 가위로 물기 도는 그믐을 자르면 무언으로 쌓여가는 옛사람 봉분을 닫으면 어디에도 없는 당신 하지夏至로 돌아가는 중이니 등 구부려 몸 비춰보는 달빛이 목덜미를 당기

고 마주 보며 접힌 잎은 자줏빛 조등을 달아 자욱한 안개로 봉한 별사別辭 뒤엉킨 속잎마다 가벼운 목숨을 끼워주니 흩날렸던 건 꽃잎이 아니라 당신 꽃이 한 번 피는 찰나는 얼마나 가벼운가

그리운 것은 내력, 우린 자귀나무 같은 사랑을 하였구나

추秋-곡옥曲玉의 한때가 찰랑이고

젖은 달빛을 두 손으로 받아낸다. 그믐은 주검들의 놀음판 죽은 달빛이 옷을 벗고 뒹굴며 춤을 추는 검은 구름 한 점, 휘영청 묘혈 곁으로 휘어든다. 베게 밑 캄캄한 동서남북은 금수를 다스리던 그늘 붉은 달이 서성이면 이승의 무리를 빠져나가는 손톱 반달 망각을 파고드는 사금파리 한 조각 조금씩 긁고 가는 허공의 손금마다 몇 겁을 달려온 반짝이는 천둥 번개 너는 어떤 밤이 좋으냐 붉은 몸을 앓는 그런 밤

아프지 않지만 슬픈 하룻밤이 흐르고

동冬-숲을 이룬 폭설

어느 날 머리맡에 성긴 눈雪의 그림자가 내려와 파릇파릇 뒤척이는 구릉 등허리를 안고 천년을 폭설로 뒹굴다가 옆구리에 누운 빛바랜 생시를 더듬다가 저녁이면 어두워지는 눈썹 하나 잊고 돌아서다가 내 그리운 한 시절을 저울질하는 무덤 속 팔을 베고 천 년을 눈송이에 묻혀 흘러내리다가

단 한 번의 폭설이었고 쌓아 올린 전생이 와르르 무너진 건

운명도감을 펼치다

삼재三災를 지나고 있어 철학관 족자에 내걸린 지천명 창밖 배롱나무 낭창낭창 딴전을 피우는 사이 죽은 나무가 작정하고 산 나무를 뒤집을지 몰라 때론 흘림체로 써 내려가는 내일, 하늘과 땅 사이 숨어 있던 침묵을 깨울지도 몰라 내 뒤를 지켜 줄 운명의 역주행 붉은 부적이 삼천 배를 휘갈기며 날뛰는 파도를 잠재울지도 모르지 자식새끼 다 착하니 그것도 니 복이다 수리부엉이 같은 입으로 자꾸 물어다 주는 사주팔자, 운명의 굴레가 투명한 칼날에 잘려나갈지도 모르지

옆구리에 누운 달

나부끼는 옷자락 사이
그대 아직 살아 있다는 소문

어긔야 어강됴리
아으 다롱디리*

누워 있던 달빛 뒤척이며 쓸쓸히 일어서 우물에 수장된 그리움 꽃잎으로 덮을까나 본디 달의 그림자는 세 개, 나 그대 몸을 가졌고 그대 내 그림자 가졌으니 첫 그림자는 놓고 가라 눈 감고 가라 연푸른 자색 피돌기가 시작되면 그대 돌아올까나 올까나 허공에 떠 있는 어긋난 시공간, 천년 달빛을 탐하였으나 쓰다듬지 못하는 눈썹 저녁, 그리운 혓바늘 다시 돋을까나 그대 허리 껴안고 동서남북 춤을 출까나 자잘한 꽃망울들 무수히 피고 지고 첫 보름이면 달을 낳으리 하얀 피를 쏟은 죄, 나를 무너뜨린 죄, 살아 있으라 살아 있으라 내가 읽은 게 꽃잎이었는지 달빛 한 줌이었는지 끝내 읽지 못하는 오랜 내력, 돌고 도는 신열처럼 달아오르는

어긔야 어강됴리
아으 다롱디리

훤한 이마 끌어안고
그대 아직 살아 있다는 바람

* 백제가요 「정읍사」의 후렴구.

환영지幻影肢

—지귀는 마음에 불이 일어 몸을 태우고 화신이 되었네*

흔들리는 하얀 발뒤꿈치를 보았네

긴 소매 끝자락 당겨 얼굴을 가리고, 물낯을 가리고, 물결 일렁이며 흐릿해지는 경계

시름시름 앓다가 눈먼 달빛이 몸을 긋네

마음 둔 곳마다 벼락 치는 검은 불, 어즈러이 불타는 정념, 거대한 성문을 지나치네

생사의 문 열리고 목숨을 베어 문 붉은 꽃들 앞다투어 피어나네

곁을 주지 않았으니, 오래 앓고 일어난 하늘, 깎아지른 벼랑을 넘고, 꽃처럼 내리는 비 무리가 구중궁궐을 넘네

잠깐의 꿈결, 가슴에 얹은 팔찌 천 년이 지나도 잠들지 않는 옥쇄가 되었네

찢긴 달의 사지四肢가 우르르 녹아내려 무너지는 노을 속 영묘사靈廟寺

그대는 왕관을 쓰고 지귀는 여전히 꽃을 쥐었으니, 푸른 하늘은 아직 허공일 뿐이네

* 선덕여왕을 흠모하다 죽은 지귀의 이야기.

괄호를 열고 물망物望을 닫고

겨울이 가고 또 겨울이 오네

뒤집힌 이파리들의 점복占卜 떠도는 실마리가 풀렸는지 모르겠네

물망에 오른 여러 개의 바람이 시야를 좁혀오고

본디 골 중에서 가장 깊은 감정의 기로에 선 풍경들이 파릇해진 당신을 겨냥하고

비포장길인 말의 뼛속 사이를 오가느라 희끗희끗 아는 이름들이 술렁이네

속말은 혀의 안쪽, 뒤쪽 두 곳에 마음을 두고 두리번거리네

아프다 아프다 해도 허투루 피는 이름은 없으니

어느 날부터 실명을 밝히며 일어서는데 이번엔 나인가 당신인가

이제 막 뚜껑을 열었는데 당신은 뒤섞여 피고 공손하게 마주 앉은 채 여전히 속없이 웃고

풀 한 포기 나지 않는 봉분마다 아직 오지 않은 봄날에 밑줄 치고 진눈깨비처럼 가벼운 이름만 흩날리네

혼자 서지 못하는 갈등은 무거운 이름,

이 생각 저 생각 공회전 되는 습성처럼 남을 의지해 일어서고 감기며 올라서네

만월의 서사

보름은 당신의 오래된 우상

당신이 쓸어내리는 사시사철
살아서 손금선 넘어 건네받은 넝쿨

아흔아홉 조각 꽃잎들로 뼈를 맞춘
열두 달 버거운 하늘이 저려온다

만월滿月

달빛을 신으로 모신 어머니의 눈썹 경전
바람을 베끼는 지난한 필사

먼 곳은 잘 있다는 풍문이 흩날린다

떠받들던 하늘 그림자가 휘어든다

북쪽 하늘 끝자락 움켜쥔 오래비

고봉밥에 수저를 꽂는다
골 깊은 아흔아홉 골 벼랑에 영혼 꽃이 핀다

버려야 가벼운 호젓한 슬하
매운 이력의 끝을 읊는

달빛

한 점

한껏 몸을 낮추어

생의 절기를 이어 나간다

다산茶山을 필사하다

밑줄 친 대목마다 그믐달이 걸리는 밤
흐린 달빛으로 다산을 필사한다
새어든 바람이 펼쳐놓은 두꺼운 국문학사
강골한 풀들이 무성히 돋아난다
도포 자락에 달라붙은 먼지를 털고
흘림체 서찰을 읽는다
탱자나무 울타리에 둘러싸여 휘이진 첫 문장부터
간격을 두고 차례로 무너져 내린다
수없이 피고 졌을 글
결박당한 탱자꽃들
남도로 떠나는 유배 행렬을 닮은 서늘한 붓 자국
가슴에 그어대는
한 획 한 획마다 벼락이 치더니
홰를 치는 새벽
남루한 절창 하나 먹울음 운다

그 여름 수몰 일기

깃털과 눈물로 만든 흐린 날씨가 끓는다
나의 첫 우기
당신은 어느 쪽으로 넘칠 건가요
돌계단의 돌 하나 하나
물 바닥의 언어
범람하는 추억 범람하는 빗방울은 수몰의 일기
빗줄기 한가운데 서 있는
사라지는 숲으로 가는 입구
쉽게 글썽이는 당신이
장마전선은 수시로 변하는 파장
갓 핀 꽃잎의 물결무늬가 찔린다
저소음으로 흐르는 당신이라는 유속
제가 원래 이래요 사랑해도 되는 일들
강하게 제습기를 틀어도
차곡차곡 쌓아 올리는
축축한 그리움

달맞이꽃 연대기

내 몸의 그림자는 오래된 달의 신전과 겹친다 하자 보수 기간을 몇 년이나 넘긴 몸의 화석, 통과의례처럼 온몸이 욱신욱신 쑤시더니 꽃심 기둥 구석구석 금이 간다 한 생애를 버티고 서 있던 조용한 뼈들의 반란, 달빛들은 서로 부딪치고 시간의 발자국은 밤을 가로 질러 온다 한때는 시퍼렇게 날이 선 모서리가 둥그렇게 닳아질 무렵, 물살을 거슬러 꽃잎들이 뼈를 맞추는 시간, 굽어버린 등뼈가 성점을 찍으면 녹슨 신전이 허물어져 내린다 꽃심이 힘없이 떨어져 나갈 마지막 유예, 지루한 권태를 나르고 부지런히 검은 뼈들을 나른다 갱년기, 꽃들이 건너온 자리 결 고운 달맞이꽃이 붉은 문에 꽃물이 스미도록 혼자 그 강을 건너고 있다

| 제4부 |

울컥, 터진 혓바늘의 비문들

동백일지

저 붉은 것들 붉은 흘림체로 써 내려가
피 묻은 태생을 보면 빨간 부적이 되고 싶다

생초목에 빗금이 가 갈라진다 깊게 새겨진 빨간 밑줄. 산동백꽃 툭 툭 터지는 진통, 첫 손바닥에 화인火印을 쥐고 산허리 붉은 산새들이 부딪친다 숨을 죽인 동서남북이 침묵하고 천둥에 묻힌 뼈들이 옆구리에 조용히 눕는다 살얼음 건너온 허기진 붉은 기억, 두 귀를 열고, 손바닥으로 가린 두 눈을 뜬다 변방의 초승달 조각마다 붉은 잇몸이 돋아나고 무명에 싸매어 둔 바람살에 달의 울음이 몇 방울 튄다 빈 가슴 풀어헤쳐 가는 지맥地脈에 칼집을 낸다 내내 붉은 옷고름이 흘러내린다 오랜 젖몸살이 쓰라리다 이름 한 번 불러주지 않았으나 붉은 웅덩이 물탕을 쳐대며 날뛰는 바람

붉은 한 끼를 또 견딘다

봄빛, 그 환한

검은 머리칼 무명치마가 쓰러진다
웅크린 기억이 어둠에 가서 꽂힌다
마른 산도產道를 지난 눈썹 달빛이 날 것의 울음을 받아낸다
핏물 배인 홑꽃잎들
물컹한 베냇내 동백나무 아래 진동한다

먼저 간 꽃잎들에게 묻는다
왜 떨어진 것들은 더 붉으며
형체 잃은 이름들은 더 단단한가
어미 없는 꽃잎의 붉은 태생을 기억한다

나는 살려고 발버둥 치던 붉은 봄빛
호명되지 못한 젊은 주검
엎드려 누운 골짜기를 돌아간다
바람에게도 눈과 귀가 있어

다시 올 날을 위해 어미는 봄빛을 두고
상주는 긴 조문에 자꾸만 잠이 온다

바닥을 딛고 일어서 하얀 천을 걷어낸다
살아 있는 말들의 칭얼거림, 태생은 더 붉어진다

어미 없는 꽃잎은 필사적이다
온몸 수만 개의 꽃 문신 일렁이듯 봄빛 꽂힌
나는 어미 없는 백비白碑
원래 태생이 그렇다

사월의 귀가

물의 지문이 점점 희미해지고 당신은 천천히 식어간다

저녁까지 떠밀려온 비린내 나는 물그림자, 부풀어 오르는
붉은 아가미 한 토막을 건져낸다 당신 이름을 부른 날이면
자주 뒤집히던 물길 벼랑 날마다 떨어지는 꿈을 꾼다

목숨 부지해 산 것들은 물고기를 먹고 자라 죽어서도 눈
감지 않는 두 눈의 물고기 지느러미끼리 부딪히며 흐물스러
운 물갈퀴만 서럽게 자라

천길 바다로 끌려나간다 돌덩이에 매달린 채 온몸을 내어
준 날숨들의 행렬들 비명조차 지르지 못하고 고꾸라진다
희번덕이는 절명絶命의 순간, 뼈를 드러내고 발톱은 숨기는
일렁이는 검은 바다

물 무덤 밖은 불귀의 섬, 몇 번을 깨어나도 다시 은빛 비늘,
칼집을 벗어난 파도에 밀리고 밀려 비문이 된 당신

잠들지 못하는 바람이 소금기 절여진 제 몸의 살점을 끄집어낸다 뜬눈으로 밤을 새워 지켜주고 싶었던 추스르지 못한 새끼들이 흘러내린다

웅크린 채 울고 있던 당신이 가라앉는다 수많은 지문이 찍힌 채 떠나니던 기억들도 수장되고

하루는 건너갔는지, 하루는 깨어있었는지 한바탕 휘몰아친 북쪽 끝자락을 움켜쥔 채 아무것도 보여주지 않는 하늘

사월은 시절이 아닌 아픈 빗금

파도와 파도를 건너다니는

당신의 늦은 귀가

세상 어느 방향에도 없는 당신이 물의 뒤편에서 온 사월을 만난다

달빛 비문碑文

그대, 흩어진 갈비뼈들이 잇닿아 있는
거뭇거뭇 돋아나는 눈썹달이었는가
밑줄을 그은 싯푸른 핏줄기들이
슬픈 몸으로 흘리들이 가는가
죽은 밤의 가죽을 벗겨 북을 두들기며
휘모리장단으로 비문의 끝을 건너가는가
저릿저릿 쌓여가는 울음 사이
입 틀어막은 하늘이 비껴가는가
미처 추스르지 못한 뼈마디를 더듬어
달빛은 한 올 한 올 서로를 핥아주었는가
나였는가
그대 가장 아픈 곳이었는가
화르르 제 몸 날리듯
붉은 오월로 흩날리는가
그대가 봄날로 흐르는 동안
나 살았는가
시린 뼈 하나 지키는 일
짧은 목례가 따뜻해서 오래오래 슬펐는가

울컥, 선 채로 떨구어진 꽃잎처럼
나에게도 독 오른 첫사랑이었는가

판게아*

언제나 진앙지는 위층이다.
며칠 전부터 내비치던 작은 삐걱거림
요동치며 들썩이다 뜨거운 응어리를 분출하는 활화산

대륙은 원래 하나였다.
엉겨 붙어 떼어놓기 힘들었던

한 치의 양보도 없는 생존경쟁이 서로를 길들인다

해수면이 상승하고
매몰된 응어리들이 터져 나와
가슴 밑바닥부터 흔들린다

미처 다독이지 못한 마음들이
서로를 밀어내며 두 쪽으로 갈라진다

눈 뜬 밤을 걷는다
매번 바뀌는 지형

심연에 도달하지 못한
빙하기를 견딘다

돌아누운 두 대륙 사이
살얼음을 오가는 나는

밑에서 오랫동안 힘을 받아 휘어진 지층

* 1915년 A.베게너가 대륙이동설을 제창하였을 때 제안한 가상의 원시대륙.

후조

닭벼슬을 마저 드세요
벼슬을 했으니
이제 관모를 씌워 드릴게요
닭 갈빗집 불판이 뜨겁게 달구어시네요
불판에 덜 익은 관계들을 먹으며
갉아치우고 있는 시간들
사람들은 서로의 발을 밟으며
차례대로 날짐승이 되어 가고
다시 사각의 틈새로 들어가려면
얼룩진 이력들을 잘게 부숴야 해요
남은 한 점을 소유한 검은 사내가
도망갈 생각을 하지 못하고
호출 벨을 누르기 시작하죠
깃털 속 가려진 세상
너도나도 칼자루를 쥐고 있어
하루에도 몇 번씩 찢기는 고단한 새들의 발자국
오독誤讀을 나눠 먹는 우리는
박수를 치고 꽃다발을 던져 버리죠

발톱에 일격을 당하고

허공으로 튕겨 나가 버린 후조

물의 지도

바람과 몸의 경계선이 없는 물의 지도
천둥이 치고 하늘이 열리고 바다가 열리면
붉은 밤마다 달을 잉태하던 어미의 더운 피가 흐른다
늑골이 먼저 알아 뼈 앓이를 하면
어느새 휘모리장단으로 찾아오는 산고,
산욕열처럼 펄펄 끓는 바다가 속울음을 울고 있다
물기가 지배하는 세상서
눈에 불을 켜고 달려드는
짐승 같은 파도를 온몸으로 받아친다
칠흑 같은 어둠에 섬 하나가 움튼다
질곡의 시간을 헤쳐 나갈 자맥질
동서남북 바닷길 눈 뜨게 하리라
촘촘한 그물 속 출렁이는 목숨 줄
푸른 시간 칭칭 감아올린 넓미역이
눈물 이랑인 바다에 고르게 젖는다
물때를 아는 어미는 가야 할 때도 안다
검은 머릿결이 은빛 물비늘이 되고
흰 물살이 수의처럼 반짝이며

굽이치던 실핏줄이 마침내 앓는 소리를 내는 날
살아서는 물질로 새끼를 키워내던
어미는 스스로 물속으로 걸어 들어간다
원래 물의 기원은 해감내 나는 눈물

아홉수가 마를 때까지

살 부러진 우산이 떠도는 건
지명이야 꼬리 한 점
내 꼬리가 길어진 건 너 때문이었으니까

이 사랑은 어쩌라고
아홉수도 넘겼는데
하마터면 몸을 던질 뻔했잖아

바람이 작정하고 내 몸에 칼집을 낼지도 몰라

자국이 선명한 불장난
아홉수를 수놓아 완성하고
나무젓가락처럼 우린 서로가 쉽게 부러지고
동서남북 손 없는 얼굴들이 몸을 바꾸어

늘 같은 이름으로 물구나무서기를 하고
네가 물어온 오늘 뒤에 숨은 달이
두 개의 기억에 걸려 있고

넌 철마다 몸을 바꾸는 문장
내가 쓰는 평생의 문장

각주를 달지 말고
나의 아홉은 견고할 것

기우杞憂

—호랑이 해봐
—고양이

—아니 고양이 말고 호랑이
—고양이

—근육이 덜 익었구나

자정에 태어난
너는 정이 많은 아이

올 때마다 질문을 바꿔
우상을 가위로 오려 옷을 입히고

그림자를 장난감처럼 갖고 노는

죽지도 않고 살지도 않는

이따금 울부짖다가
서걱거리는

종이호랑이

물의 무용담武勇談

—취업을 준비하는 k에게

물의 아가리 속으로 들어가는 그런 날
천리天理를 보고 물때를 아는 사나운 짐승들이
세상의 밤을 여닫는다지
거친 물살을 들이받지도 날아오르지도 못하고
독기 바짝 오른 물소리를 가산점으로
흐르는 물처럼 사는 게 적성에 맞지 않는다고
입을 벌리며 휘몰아치는 빙산들
신이 없는 것을 아는 종족들은
밤마다 이빨이 길어진다지
흰 뼛조각 위로 모여드는 비린내
포말이 이는 눈꺼풀에 접안한 한 잔 두 잔
파닥거리는 비정규직 이력서에 파문이 일고
삼키지도 못한 채 서로 뒤엉키며
급물살을 타는 물살의 울음소리
검푸른 가계家系를 떠받들던 몸의 경계,
한사코 벼랑으로 흐르던 표정을 건져내고
비틀거려도 겨루어 보고 싶은 그대들의 신이고자
아슬아슬하게 물의 무늬를 찢고 걸어 나오는

한때 웅덩이 밖 끓어 넘치던 쇳물, 그 환호성
열 개의 손톱이 행간을 빠져나가는 쓰나미
유빙流氷의 경전을 통과한다

하루는 도도새가 되었을까

넘어진 잇몸에선 피가 나고 울다가 그대로 잠이 들었어

구석진 방, 뜯긴 비닐봉지 주머니에 넣고 만지작거리던 그 애가 집까지 뒤따라왔지

그 애는 내 가지런한 이를 부러워했을까

깨진 항아리에 새를 담으면 날아가는 도도새가 되었을까

미끄러운 공깃돌을 놓치고 옥상 빨랫줄에 옷을 널어도 번지지 않는 무채색 흙비

거기까지는 기억하겠어

비닐봉지를 빠져나가는 아픈 발목들

눈이 녹는 속도로 걸어와 공중제비를 돌며 오래도록 나를 지켜보는

꿈에서 꿈까지 드리워지던 커튼콜

구겨진 눈물에 젖던 내 꿈자리

수어手語

잘려나간 물결의 마디로 바다를 만지는 손가락들

물 밖으로 걸어 나온, 미끄러지는 비밀 하나 말해줄래

꼬리에 꼬리를 물며 방류되는 합성어, 소리의 파동을 가르며 튀어 오르는 언어의 비늘들

쪼개지는 심장 가까이 혀를 대면 깜짝 놀라지 울고 싶어 어금니를 꽉 문 애인이 스쳐 지나가고

주머니 속 화르르 쏟아지는 달콤한 축사

가장 물결치는 발목은 허공에 매달리지 않는 거야

안아줘,

흰 맨발로 부러지는 쓸쓸한 공회전

한 번 뒤돌아보지 않고

그때는

같이 죽어줄게

어느 섬의 짧은 고백

수몰된 문장들이 뭍을 오르는 사월

울컥거리는 한 줌 섬
제 흐느낌에 놀라 계절 밖으로 빠져나간다

아직 벙글지 않은 봄날이
봉오리째 무릎 위로 출렁, 밀려온다

나는 피사체로 갇힌 풍경, 온몸이 상처투성이 바다를 부둥켜안지 않고서는 견딜 수 없다 깊이 잠든 역사의 골짜기마다 나를 깨우는 소리 눈밭을 달려온 청춘 꽃 진 자리 철 지난 꽃처럼 아무렇게나 뜯긴다 바람이 슬려 반복되는 계절은 나를 비껴간다 땅을 딛고 서서 온몸으로 지켜 낸 들판 그림자 하나 남겨 놓고 간다 눈 감고 간다

늦게 피는 섬도
섬이다

어디에 있든 그대를 기억하는

섬,

그 사월이 환하다

열두 밤의 자서전

—머리카락, 어둠의 서가에 꽂힌 채 잘 관리되는 식물

간발의 차이로 놓쳐버린 얼룩진 백야

검은 달을 집행하는 그녀는

고요한 낱장의 식물학

그림자가 짙어지면

금이 간 촉각들이 깨어난다

기억의 뿌리가 깊을수록 길게 늘어나는 암막 커튼

녹지 않는 잠이 흘러들어온다

느리게 신의 늑골에 휘장을 치는 어둠의 숲

움켜쥔 가위질에 검은 문장들의 소리가 번져온다

일렁이는 밤의 경계를 깨고

서가에 꽂혀 잘 관리되는 전집 밖으로 그녀가 흘러나온다

오늘의 운세로 편집된 남자

사내가 등을 기댄다 반짝이는 벽에 금이 간다 흰 알약 하나를 머금고, 운명은 견고한 눈물, 몸에 새긴 질문이 읽히지 않는다

질문은 그냥 두고 조용히 밥을 먹는다

부피가 팽창하는 하루

당신의 오늘은 운이 눈곱만큼도 없다 아무 때나 함부로 나서지 말 것, 남의 말에 귀 기울이고 언행을 조심할 것

침상을 어슬렁거리는 통증이 슬쩍 할퀸 자리, 현기증 나는 시간은 달의 가면을 쓰고 사내의 손목뼈를 움켜쥐고 있다

거스르지 못한 침대의 둘레를 돌다 쓰러진 사내

입맛을 잃은 신들이 구겨진 신문지 속으로 들어간다

자정이 지나면 달의 문이 닫힌다

|해설|

슬픔을 향한 곡진한 자기 고백

—고영숙의 시세계

백인덕 | 시인

길의 시작은 끝의 시작이다. 아마도 이 말은 '종말은 시작 속에 있다'라는 명제를 풀어쓴 것이겠지만 정작 중요한 함의는 '시작'과 '끝'이라는 어휘에 들어있지 않다. 오히려 두 어휘가 감싸고 있는, 결코 여백이나 허공이 아닌 그 '무엇'에 있다. 생략하거나 배제된 것이 아니라 과정(도정, 道程)에 '주름처럼' 접혀 있기에 정체가 잘 드러나지 않는 '무엇'이 중요하다.

현실의 가려움을 긁는 건기인 줄 알았는데
계약직 기간에는 슬픔을 널지 않아요
꽃가루의 패턴이 바뀌는 사막
까치발을 들고 연신 뱉어내는 감정의 재채기

나의 꽃밭에 모래보다 떨어진 사람들이 많아서
내가 일어나서 처음 본 것은 모래흙
길을 건너는데 내게 맞지 않은 계절을 입었나 봐요
당신은 언제부터 이곳에서 웃고 있었던 걸까요
당신이 사막을 지날 때 나는 끝없이 창문을 여닫고
더 눈을 비벼야 해요
악력握力을 길러야 하는 황사기 전역에
미세한 먼지의 감정을 파고드는 봄의 뒤페이지들, 지우고 쓰는 지독한 감염
풀풀 꽃가루가 날리는 급여 통장
서서히 격리되는 사막
우린 잘 어울렸을까요, 낭랑
숲을 휘감는 검은 새들 몸 밖으로 밀어내는 꽃가루주의보
짙은 꽃가루보다 먼저 날리는 당신

—「슬픔을 양도할 수 없습니다」 전문

고영숙 시인의 첫 시집, 『나를 낳아주세요』는 결코 '양도할 수 없는 슬픔'에 대한, 슬픔을 향한 곡진한 자기 고백이 주류의 정서를 형성한다. 그러나 그것은 애처롭게 미화되거나 외적 세계와 결합하여 섣불리 거대 서사의 일부로 함몰하지 않는다. 오히려 끈질긴 자기 탐색과 시적 숙고를 거쳐 '슬픔이 아닌 것, 혹은 슬픔을 넘어서려는 것의 양태樣態'로 여러 차례 되돌아보게 하면서 우리 앞에 현시한다.

왜일까, 자꾸 '현실의 가려움'이 '현실의 어려움'으로 읽힌

다. 이 작품의 '건기'는 축어적으로는 단순히 계절을 표시하는 용어지만(실제 우리는 '건기/우기'의 계절 상태도 아니다.) '황사', '꽃가루'에서 연상할 수 있는 것처럼 봄의 특정한 구간을 지시한다. 비록 암시적이지만 이 작품을 이번 시집을 읽어내기 위한 안내로 볼 수 있다. 첫째, "나의 꽃밭에 모래보다 떨어진 사람들이 많아서/내가 일어나서 처음 본 것은 모래흙"이라는 부분에서 드러나는 운명적 비극성, 둘째로 "미세한 먼지의 감정을 파고드는 봄의 뒤 페이지들, 지우고 쓰는 지독한 감염으로 표현된 시인의 적극적 의지 발현, 끝으로 "우린 잘 어울렸을까요, 낭랑 (…) 짙은 꽃가루보다 먼저 날리는 당신"에 등장하는 '당신'의 정체 등이 이번 시집의 주요 동기이자 연장선에서 시인의 시적 지향점으로 판단되기 때문이다.

구릉을 덮는 붉은 책 그늘마다 뿌리를 파고드는 둥근 달빛, 필사본에 찍힌 무덤의 어원은 '괴다'입니다

살아 반짝이던 길일吉日은 뒤집혀 손금이 되고 죽어 깊어진 기일忌日은 엇갈린 페이지가 되고

수없이 피고 지던 초성들이 슬고, 닫히지 않는 낱장의 문장들이 삐걱거리는

타오르는 북쪽 초화문은 떠날 수 없는 서책들, 유배지
스러진 활자들의 뒷모습은 깊은 절벽입니다

시간의 각질을 털고 또 하나의 서사를 건넌 흑백의 문장들이 목록에 꽂혀 있습니다

해진 네 귀퉁이마다 금이 간 먼지들, 서슬 퍼런 천 년을 거슬러 걸어 나오는 먼 사람들

암수 날개를 포개어 붙인 긴 관冠으로 제본되어 한 몸 되어 박힌 껴묻거리

몸 바꿔 왔다가는 내생의 첫 장, 끈에 꿰어 책갈피로 매달려 있습니다

—「구릉 위 도서관」 부분

무엇인가를 읽어낼 수 있다면, 아니 의미 부여가 가능한 모든 사물과 사태를 비유하여 '도서관'이라 한다면 '구릉 위 도서관'은 재빨리 '무덤'의 이미지로 치환된다. 시인은 이를 밝히면서 '필사본'이라는 어휘를 통해 그 누군가의 역사가 자신이 체험한 것이 아니라 들었거나 보았던 것임을 암시하면서 동시에 그 어원이 '괴다'라고 밝힌다. 주지의 사실이지만 '괴다'는 '사랑하다'의 우리말 고어인데, 고어를 사용함으로써 그것이 어쩌면 먼 과거의 일이었다고 생각하면서도 유배지', '관冠' 등의 어휘를 통해 역사적 사건에 맥이 닿았음을 드러낸다. 시인은 이 도서관에서 무엇을 읽고, 또 무슨 생각을 하는 것일까. 그 전모는 이 작품을 통해 알 수 없지만, "몸 바꿔 왔다가는 내생의 첫 장, 끈에 꿰어 책갈피로 매달려 있습니다"라는 데서

유추할 수 있듯이 시인은 누군가의 '필사본'과 불가분의 관계에 있고, 실은 그 관계의 의미를 나름의 방식으로 해석하고 확장하는 작업을 지속하고 있다고 보인다.

2.

무릇 세상의 그 무엇이든 '정의'가 바뀌면 그 쓰임도 달리할 수 있어야 한다. 현재 우리가 말하는 '운명'은 고대의 그것과 다르다. 절대자나 초월적 지위의 존재가 미리 설계한 대로 이루어지는 닫힌 결과가 아니라, 현대의 운명은 초기 조건이라는 의미를 더 강조한다. 즉 개인의 자유로운 선택과 의지를 강조하는 현대의 정신적 상황에서 운명이란 발생과 그 환경에 대한 담론이지만 고정불변의 결정적 요인이라는 의미는 많이 퇴색한 것이 사실이다.

고영숙 시인은 구체적으로 언표하지는 않지만, '섬, 물, 달'과 거기에 갇혔기 때문에 역사적 질곡을 감내해야만 했던 존재들에 대해 일종의 운명적 동질성을 느끼는 것으로 보인다. 아니 운명공동체라는 자각을 배면에 깊이 간직하고 있다.

돌아오지 않는 것들은 모두 섬이 되어 흐른다 처음으로 간 경양식집 돈가스 소스가 촛농처럼 흘러내리고 꽃을 좋아하는 엄마 하늘로 분갈이한 오빠가 흘러내리고 바늘로 찔린 생의 물집마다 써 내려가지 못한 진물이 흐르고 시집 뒤 페이지 그리운 문장들이 파도의 너울로 흘러내린다 섬은 한 음절로 파르르 떠다니다

서로 다른 속도로 흘러가 버린 눈물,

—「마음 먼저 젖는다」 부분

시인에게 '섬'은 "돌아오지 않는 것들"이란 속성을 갖는다. "처음으로 간 경양식집"으로 완곡하게 표현된 '첫사랑'이 그렇고(실제로 「첫사랑」이란 작품은 "가벼워진 이별은 빠른 속도로 나를 넘나드는 이안류"라는 명제로 시작된다), "꽃을 좋아하는 엄마"가 "하늘로 분갈이한 오빠"가 돌아오지는 않지만 심이 되어 흐르고, "시집 뒤 페이지 그리운 문장"들도 그렇다. 맨 앞의 '흐른다'는 부유浮遊한다는 의미지만 그 떠돎은 '흘러내리는' 갖가지 사태들을 통해 현재성과 함께 시인의 정시직 세계('눈물')로 통합되는 반전을 보여준다.

주지의 사실이지만, 섬이라는 자연조건에서 바다와 하늘은 같게 보이지만 전혀 다른 의미를 드러내곤 한다. 바다는 육지와 이어주는 매개임에는 분명하나 현상적으로 '가득 찬 '물'은 이어짐이나 소통의 의미보다 고립과 장애의 표지로 더 많이 등장한다. 반면에 하늘은 '바람, 파도, 너울'과 같은 장애의 요소가 없다는 점에서 육지와 섬이 공유하는 실질적인 소통의 매개로 흔히 등장한다. 그러나 바다와 하늘, 특히 대낮의 창공蒼空은 그 유사성 때문에 현대 시인들이 기피 하는 현상이 나타난다. 사설이 길었지만, 섬을 운명과 결합했을 때, 그 부정성을 여실히 드러내는 존재는 밤하늘이고, 별보다는 '달'이라는 점을 강조하고 싶었다.

시의 주요 상징으로서 '달'의 일반적 의미들, 즉 '대지와 결합한 온화한 모성'이나 '어둠을 꿰뚫는 정신의 치열성', 또는 주기적 순환에 따른 '기대와 희망' 등은 고영숙 시인의 '달'의 모습이 아니다. 시인에게 달은 운명의 비극성을 통째로 상징하면서 쇠퇴 없이 끝까지 쫓아오는 온몸을 휘감은 주문呪文과 같다.

> 검은 머리칼 무명치마가 쓰러진다
> 웅크린 기억이 어둠에 가서 꽂힌다
> 마른 산도産道를 지난 눈썹 달빛이 날 것의 울음을 받아낸다
> 핏물 배인 홑꽃잎들
> 물컹한 베냇내 동백나무 아래 진동한다
>
> -「봄빛, 그 환한」 부분

시인에게 '달'은 "날 것의 울음"을 받아낸, "마른 산도産道를 지난 눈썹"과 등가의 이미지로 등장한다. '봄빛, 그 환한' 날 무리 지어 핀 '동백꽃' 아래서 '원래 태생'에 대해 생각하게 하는 "어미 없는 백비白碑"로 정의된다. 시인은 다른 작품, 「동백일지」에서 "저 붉은 것들 붉은 흘림체로 써 내려가/피 묻은 태생을 보면 빨간 부적이 되고 싶다"고 토로한다. 섬 제주에서 봄은 '4.3'의 아픈 상처를 핏빛으로 게워내는 동백으로부터 시작된다. '그 환한'이라 했지만 사실 환하게 다시 밝아

지는 상처와 절망적 기억들은 역사는 단순히 '사건'이라는 말로 축소되거나 집단의 제식祭式으로 풀 수 없는 부분, 검은 잉여剩餘의 존재를 드러낸다. 가령, "내 몸의 그림자는 오래된 달의 신전과 겹친다 하자 보수 기간을 몇 년이나 넘긴 몸의 화석, 통과의례처럼 온몸이 욱신욱신 쑤시더니 꽃심 기둥 구석구석 금이 간다 한 생애를 버티고 서 있던 조용한 뼈들의 반란"(「달맞이꽃 연대기」)을 상기시키는 통증으로 나타난다.

이번 시집에서 '운명'과 '섬'의 결합은 맨 앞에 인용한 작품의 '그리운 문장'처럼 '기록물' 혹은 '기록하는 행위'에 대한 시인의 인식을 형성하고 드러내는데 중요한 모티프로 작용한다.

이 책은 1942년 간행된 편년체 원전이다
쉰 적도 없고 바람에도 흔들리지 않던
전 생애의 기록이고 삶의 보고서다
수많은 배경 중 뼈대 있는 정본을 세우고
종종 바람을 타고 다니던 호시절은
용을 써도 먹히지 않아 생략한다
구겨진 쪽의 빗금 간 시간이 펴지지 않는다
오랜 세월 저항 없는 덮어쓰기로
찢길 일만 남은 목차가 먼지를 쓸어내린다
페이지를 넘길수록 기우는 낯선 필체
위태로운 행간마다 둥둥 떠다닌다
바람은 곳곳마다 무수한 구멍을 내고

낡은 문장들에서 물큰한 울음소리가 묻어나온다
역주행에 쓸려간 물살의 흔적
기진한 몸뚱어리가 사본의 발끝으로 점점 지워진다
서늘한 등짝, 목구멍에 밀려드는 어둠처럼
흩어진 슬하의 이름들이 하나하나 지문처럼 찍히는 밤
페이지를 넘길수록 몸피가 줄어든다
풀이 죽은 문장들, 맨 끝줄 가까스로 매달리거나
긴 묵독 끝 더듬더듬 통증의 출처를 필사한다
안간힘으로 버티는 낡은 종이
아직 폐기되지 않아 원본대조필 효력이 유효한
아버지

—「원본대조필」 전문

이번 시집에서 만나게 되는 여러 수작秀作 중 한 편이다. 문단 전체를 아울러 근래에 '아버지'를 모티브로 한 작품 중에서도 당당히 선選 될 수 있는 형식과 내용을 갖췄다고 보인다. 특히 7행 이하, "구겨진 쪽의 빗금 간 시간이 펴지지 않는다/오랜 세월 저항 없는 덮어쓰기로/찢길 일만 남은 목차가 먼지를 쓸어내린다"처럼 압축과 암시를 통해 오히려 생생한 현실감을 불러일으키는 것과 17행 이하, "흩어진 슬하의 이름들이 하나하나 지문처럼 찍히는 밤/페이지를 넘길수록 몸피가 줄어든다"처럼 대상에 이끌려 쉽게 감정이입 하지 않고, 거리를 유지하면서 시를 현재진행형으로 만드는 솜씨 등이 더욱 돋보인다.

3.

개별 작품으로서 시가 기록물이라는 데는 재론의 여지가 없다. 그러나 '시작詩作'을 무엇인가를 기록하는 행위로 정의하자면 반론이 만만치 않다. 모방이냐 재현이냐 같은 케케묵은 논쟁은 차지하고라도 시작에는 너무나 많은 창의적 요소, 즉 앞선 작가와 작품의 영향과 매 순간 일어나는 시인의 선택과 결정, 장르로서 '시'의 관습적 압박 등이 작용하기 때문에 단순 기록 행위로 치환하기는 어렵다는 것이다. 하지만 보다 담대한 시인이라면, 자신의 시작이 거대 서사까지는 아니더라도 미시적으로나마 순간순간 역사를 기록하는 행위라는 것을 인식하고 있음을 쉽게 밝힐 수도 있을 것이다.

고영숙 시인은 이번 시집에서 담대한 시인의 자세를 보여주고자 결정한 것 같은데 이는 다음과 같은 작품들의 수록을 통해 일차적으로 반증된다. 선덕여왕을 흠모하다 죽은 지귀의 이야기를 소재로 한 「환영지幻影肢」, 제주의 시그니처라 할 수 있는 추사 김정희를 불러온 「세한도의 감정」, 유배의 아이콘이라 할 수 있는 정약용과 관련한 「다산茶山을 필사하다」와 다산이 두 아들에게 전하는 당부의 글을 모았다는 「하피첩霞帔帖에 들다」 등이 있다.

하지만 일종의 전고典故를 살펴보는 것보다 더 중요한 것은 시인이 언어, 즉 '말과 글'에 대해 갖는 자세와 지향을 살펴보고 이를 통해 시 세계의 방향을 유추해 보는 작업일

것이다. 수록된 순서대로 모아보면 「부르튼 설화도舌話圖」, 「수어」, 「어느 섬의 짧은 고백」, 「저녁의 말」, 「돌의 화법話法」, 「지느러미 명명법命名法」, 「만월의 서사」, 「물의 무용담武勇談」, 「야사野史의 뒤편」 등과 그 계열(비문이나 연대기 같은)까지 망라하면 족히 스무 편에 달한다. 이는 시인의 기록자로서의 자의식을 증명하는 실제적 증거가 될 수 있다. 하지만 그 자의식을 떠받치는 인식의 배면까지는 충분히 드러내지 못한다. 이를 이해하기 위해서는 「구릉 위의 도서관」 같은 작품의 정밀한 분석이 필요할 것이다.

겨울이 가고 또 겨울이 오네

뒤집힌 이파리들의 점복占卜 떠도는 실마리가 풀렸는지 모르겠네

물망에 오른 여러 개의 바람이 시야를 좁혀오고

본디 골 중에서 가장 깊은 감정의 기로에 선 풍경들이 파릇해진 당신을 겨냥하고

비포장길인 말의 뼛속 사이를 오가느라 희끗희끗 아는 이름들이 술렁이네

속말은 혀의 안쪽, 뒤쪽 두 곳에 마음을 두고 두리번거리네

아프다 아프다 해도 허투루 피는 이름은 없으니

어느 날부터 실명을 밝히며 일어서는데 이번엔 나인가 당신인가

이제 막 뚜껑을 열었는데 당신은 뒤섞여 피고 공손하게 마주 앉은 채 여전히 속없이 웃고

풀 한 포기 나지 않는 봉분마다 아직 오지 않은 봄날에 밑줄 치고 진눈깨비처럼 가벼운 이름만 흩날리네

혼자 서지 못하는 갈등은 무거운 이름.

이 생각 저 생각 공회전 되는 습성처럼 남을 의지해 일어서고 감기며 올라서네

—「괄호를 열고 물망物望을 닫고」 전문

고영숙 시인은 '괄호'와 '물망'이라는 대위적對位的 배치가 쉽지 않은 두 어휘를 사용해 기록자로서의 인식과 지향을 보여준다. "본디 골 중에서 가장 깊은 감정의 기로에 선 풍경들이 파릇해진 당신을 겨냥하"는데 그 이유는 "아프다 아프다 해도 허투루 피는 이름은 없"다는 것을 이미 시인이 알고 있기 때문이다. 시인은 끝머리에 "혼자 서지 못하는 갈등은 무거운 이름"이라고 고백하지만, 이는 자기를 다잡기 위한 허튼 고백으로 들린다. 길의 시작은 반드시 끝의 시작이지만, 일단 시작하면 막연함은 도정道程의 풍파를 지나 막막함마저 건너게 될 것이다. '괄호를 열고 물망을 닫'는 자세로 그렇게 될 것이라 기대한다.